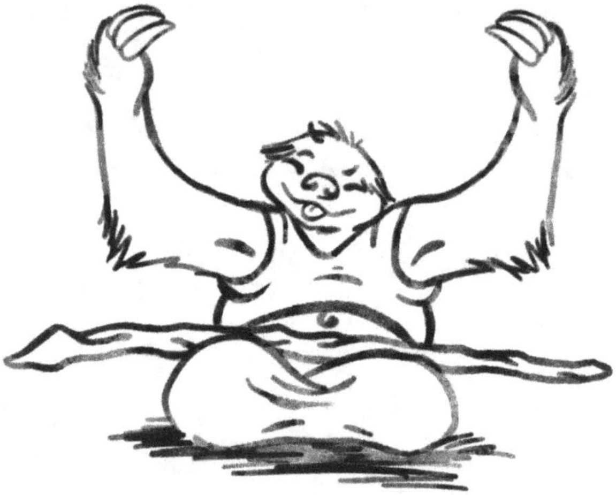

www.ingramcontent.com/pod-product-compliance
Lightning Source LLC
Chambersburg PA
CBHW082018230526
45466CB00022B/2510
* 9 7 8 1 6 9 7 4 5 2 9 1 4 *